새 가 되고 싶었습니다

김명희 디카시집 잉어등 디카시인선 01

새가 되고 싶었습니다

인쇄 | 2025년 10월 25일
발행 | 2025년 10월 30일

글쓴이 | 김명희
펴낸이 | 박윤배
펴낸곳 | 잉어등
    42933 대구시 달성군 가창면 가창로 1103번지 2층
    전화 010-9187-1044
    팩스 053) 767-1044
    등록일 | 2023년 7월 17일
    등록번호 | 제2023-000009호
    이-메일 | rudnfvksghk@hanmail.net

ⓒ 김명희, 2025, Printed in Korea
저자와 협의하여 인지를 생략합니다.
ISBN 979-11-995194-0-4 03810

값 13,000원

*이 책의 판권은 저작권자와 잉어등에 있습니다.
*이 책 내용의 전부 또는 일부를 재이용하려면 양측의 동의를 받아야 합니다.

잉어둥 디카시인선 01

새가 되고 싶었습니다

김명희 디카시집

잉어둥

시인의 말

여행을 좋아하면서 사진으로 포착된 순간순간 장면마다
함축된 시적 진술의 문장을 붙여 생명을 불어넣고 싶었습니다.

그러던 차에 멀티언어 예술인 디카시를 만나게 되었고
시인이 되어, 이제는 찍고 쓰는 일이 나의 일상이 되었습니다.

그동안 꾸준히 작업했던 작품을 모아 디카 시집으로 묶습니다.

첫 디카시집이 나오기까지 도움을 주신 여러 선생님
그리고 기꺼이 읽어주실 독자님 고맙고, 감사합니다.

2025. 시월

별하 김 명 희

차례

• 시인의 말 · 5

1

초대합니다 · 13
갈망 · 14
효심 · 15
궁금증 · 16
응시 · 17
나무의 이력 · 18
봄 길목 · 19
아무렴 어때 · 21
달의 몰락 · 22
아침의 기도 · 23
밀착 · 24
윤회의 뜰 · 25
산으로 간 거북 · 26
새해 아침 · 27
동냥 · 28
못다 이룬 꿈 · 29

2

그때가 봄날 · 32
함묵의 끝 · 33
아리랑 노을 · 34
첫날밤 약속 · 36
연모 · 37
세상이 환하다 · 39
마음사막 · 40
부끄러움 · 41
불편한 자리 1 · 42
불편한 자리 2 · 43
펠리컨 · 44
하모하모 · 45
우후죽순 · 46
비토섬 · 47
대식가 · 48
이별 그 이후 · 49

3

꽃의 숨결인 양 · 52
허무의 시 · 53
짐 받쳐 들고 · 54
옆집 아줌마 · 55
선택 · 56
방랑자 · 57
모래나무 · 59
악어 · 60
뿔 · 61
대모 · 62
보디빌더 · 64
우주 발사대 · 65
하엽정 · 66
바람길 · 67
처가살이 · 68
그리움의 끝 · 69

4

누구의 가슴입니까 · 72
축제 · 73
독백 · 74
민들레 설법 · 75
점령군 · 77
잔해 · 78
우리 가문 · 81
쉼터 · 82
바다의 의미 · 83
시샘 · 84
버려진 구석 · 86
쉼 · 87
빈집 · 88
별식 · 90
붉은 암각화 · 91
새가 되고 싶었습니다 · 92

| 해설 | 박윤배
일상의 반경을 찍고 쓴, zoom의 미학 · 95

초대합니다

눈곱만큼도
유혹하려는 건 아니니까
걱정은 붙들어 매시고
그냥, 우리 집에
놀러 오세요

갈망

나도 한때는 바위였다는
웅성거림을 짓뭉개고
갈증 난 낙타 한 마리 빠져나간 뒤
파르르 떨고 있는 전갈의 꼬리는
더 뜨거워졌다

효심

한평생 자식에게 그늘을 나눠주던 몸이
지치고 병들어 늙고 나니

이제 호박넝쿨이
그늘을 나눠주고 있다

궁금증

뭐가 그리도 궁금한가?
쉼 없이
뭍으로 달려오는
백구두 춤꾼들

저 날렵한 발길 좀 보소

응시

먹거리가 마땅치 않네
점심은
뭘로 먹을까

나무의 이력

울퉁불퉁 다치고 구부러진
한 생애 기록을 고스란히 남겼다

이제 편안히 누웠으니

바람과 햇살 사랑 오래오래 받으시게

봄 길목

그대 발치에서
배시시 눈을 떠 보니
덮고 자던 가랑잎 이불도
무거워졌다

아무렴 어때

앉아서 먹으나 서서 먹으나
빛은 조금만 먹어도 배부른 밥

누구도 짓밟을 수 없는 희망을
틈 속으로 스민 빗물에 말아
꼭꼭 씹어 먹겠습니다

달의 몰락

달을 삼킨 꽃들이
와르르 떨어져
서리서리 이불을 펼쳐 두었나
아뿔싸!
간밤 무슨 일이 있었길래

아침의 기도

새벽녘 가로등 위
까마귀 다섯 마리 내려앉아서
짝 찾은 한 쌍은 입맞춤하는데
나머지 셋은 그저 부러워라

몰래 훔쳐보는 저놈은 낯이 익네

밀착

서로 얼굴 마주보기 부끄러운 대낮이니
짐승의 자세가 좋아요

사랑에 밤낮이 따로 있겠냐, 만은

윤회의 뜰

슬퍼 마시게나, 간다고 영영 가는 건
아니네, 이생에서 할 일 끝났을 뿐
그대 누군가 보고 싶음에
눈가 짓무를 때

살금살금 눈송이로 다녀가리라

산으로 간 거북

그 옛날의 토끼를 만나러
나는 벌써 정상에 왔네
경주에서 이겼을 때의 희열감

또 한 번 맛보고 싶었던 게지

새해 아침

저 핏덩이 낳으려고 밤새 끙끙 앓았나!
양수 터트린 바다는
안도의 한숨이다

미역국이 먹고 싶다

동냥

단벌옷에 몇 가닥 햇빛
빗물 한 모금에 바람 한 자락
마른 입에 풀칠하듯
그냥저냥 주시는 대로
먹고 살아요

못다 이룬 꿈

죽어서 가죽을 남기는 호랑이처럼
죽어서도 꽃을 피우는
저 의지

2

그때가 봄날

나비를 뒤꿈치에 묶어둔 채
앞만 보고 걸어온
내 젊은 날의 무게여

리본, 혼자서는 풀 수가 없는

함묵의 끝

외치고 싶은 게 많은가 보다
물고 있던 거품을
밖으로 밖으로
쏟아내는
저 아우성!

아리랑 노을

해 넘어간다
고된 발자국만 남기고
해 넘어간다

내가 넘어간다

첫날밤 약속

당신의 발치에서
이불이 되어 줄게
춥고 배고플 때
내 손을 잡아준
너니까!

연모

고란초, 천리향 피었다 지기를 여러 해
먼발치에서 바라보다가 이제야 곁에 앉아
어깨를 기대어도 손잡아 주지 않네

내가 먼저 그대 손을 잡네

세상이 환하다

　　밤새
　　　잘 주무셨나 보다
　　　　티없이 맑은
　　　　　부처님처럼

마음사막

갈증 해소했다고
아무렇게나 대해도 된다고
생각하시나요
내가 일회용
플라스틱 애인인가요

부끄러움

야시골공원 탱자나무 울타리 안
냉장고 한 대 버려져 있다
땡볕에 비바람에 녹슬어 간다

부끄럽다며
초록들이 손바닥 모아 가려준다

불편한 자리·1

저 혼자
덩그러니 싫어요
동료들에게 보내 주세요

불편한 자리·2

드나듦이
앉고 설 자리
분명해야 한다고 그랬다
내가 왜 여기 있는 거야

펠리컨

상처 없이 잘 살았다 해도
숨넘어가는 순간에는 허기가 몰려오지
꺾이고 부러져도
포기할 수 없었던 욕망들
그 모든 게 사랑인 거야

하모하모

미리내노인정 마침내 할 일 마친
할머니 두 분
꽃방석에 앉아서 하는 말

나도 한때는 꽃이었어!

우후죽순

어린이 놀이터는 자꾸 생겨나는데
유모차에 견공 태우고
어른들이 놀고 있다

비혼, 비출산 주장하는 젊은이들
각성이 필요한 때

비토섬

도시 소음에 찌들린 그대, 어질러진 귀를 씻으려면 네발로 엎드려 스크럼 짜고 있는, 저 토끼 등을 밟고 섬으로 오세요

살금살금 오세요

대식가

위장이 큰 악어를
누가 풀어 놓았나!
높고 빛나던
도시의 타워마저
덥석 삼키고 있다

이별 그 이후

우리 아프게 헤어졌지만
사랑하는 마음만은
하나가 되자

3

꽃의 숨결인 양

머물다 간 자리마다
순간순간의 감정들을
둘이 혹은 혼자서
발가락으로 남겼다

진한 꽃향기다

허무의 시

두류공원 한자리 차지한
이상화 시인이
눈을 지그시 감고
밤새워 연필로 쓴 시를

눈이 지우고 있다

짐 받쳐 들고

비를 맞고 드러내고 만 아내의 종아리
행상으로 자식을 다 키워내더니

하지정맥류 검붉은 속살
물결치듯 찰지다

옆집 아줌마

어느 날 내게 보여준 속
까맣게 타버린 그 속
내어줄 게 더 남았나요

어디까지가
바닥의 끝인가요

선택

길은 오직 두 길뿐
왼쪽으로 가야하나
오른쪽으로 가야 하나
망설임의 시점

방랑자

방황하던 낙엽 한 잎
검게 멍든 몸 추스르며
내 치마폭에 살포시 안긴다

화려했던 날의 그리움 안고

모래나무

일렁이며 파도치는 바닷가
모래 나라에 오셨군요
부드러운 바람이 잔잔한 물결 쓰다듬어
네 꿈을 이루게 했구나

찾아온 평화가 잎사귀를 달아줄 거야

악어

등껍질 비집고 나온
악어알 두 개
이제 곧
터트릴 시간

뿔

숨 겨우 붙어 있는 다섯 노루
뱃살 쭈글쭈글해지더라도
어찌하든 대代는 이어야 해
우릴, 우리 속에 가둔다고
가만있을 줄 아나!

대모

삶의 질곡에서
몸은 비록
부서지고 망가졌어도
내 품에는
알토란 생명들이 숨 쉰다

보디빌더

엄동설한 땀 흘리는
보디빌더 근육에
누가 참기름을 발라두었나
울퉁불퉁 매끈매끈
개미들은 낙상 주의

우주 발사대

짧은 치마 발레리나
앗! 우주 향해 솟구쳐 오르겠다
합장하던 내 손에
분홍빛 그리움
살포시 벗어두고

하엽정

소나기가 새로 난 연잎을 때리네*

님을 사모하는 배롱나무
성난 비 달래주려 내어주던 팔베개
찔끔찔끔 눈물 흘린 자리가
어찌 저리 홀가분한 것이냐?

* 취우타신하 : 중국 금나라 시대의 대문호 원호문의 문장

바람길

떠나온 길을 기억하면서
돌아갈 길을 찾는다
마른 가슴 저미는
먼 메아리에서
엄마 목소리 듣는다

처가살이

저 시생도
겉보리 서 말 못 구했나 보다
차가운 바위 등에
엎혀사는 걸 보니

그리움의 끝

나 아니면 도저히 못 살겠다고
님 오시어 불끈 쥔 주먹으로
가슴 탕탕 치는 날
불 밝히고
빗장을 열겠습니다

4

누구의 가슴입니까

언제까지 그렇게 뜨거울 겁니까?

사랑할 수 있다는 건
살아있음의 증거

나도, 지금
그대를 닮으려 해요

축제

참 듣기 좋은 말 "참"
참 곱게 몸단장까지 했으니
참 많은 인파가
이제 곧 우릴 보러
참새처럼 몰려오겠지

독백

꽁무니 졸졸 따라다니던
철수도 보고 싶고

닫아건 구름 문짝 너머
어머니도 보고 싶다

민들레 설법

기둥은 면벽 수행 중
그 곁 까까머리 동자승
법문의 씨앗을 후~ 불고 있다

세속에 멍든 당신 마음에도
머지않아 꽃은 필 거야

점령군

푸른 제복의 군인들이
수십 년 자란 나무 하나를
밑둥치부터 가지까지
야금야금 점령해 버렸다

이제 저들의 세상이다

잔해

마른 바람이 시를 쓰고
초가을 햇볕이 곡을 붙인
악보 한 장

누가 연주해 보실래요?

우리 가문

시인 할아버지는 긴 붓
중간 붓 엄마는 수필을
짧은 붓 나는 소설을 쓰지요

빽빽한 편백 갈피를
아버지가 향기로 넘겨요

쉼터

몸을 꼬다가 기댈 기둥을 찾았다
각각 의자에 앉은 사람들도 흐린 날 하늘에도
등꽃 환히 걸리겠지

바다의 의미

다 받아준다고요
천만의 말씀
밀어내고 싶은 것들
한둘이 아닌걸요
아파요 도와주세요

시샘

나는 너무 더웠는데
벽, 너는 시원하겠다

나는 아무도 돌봐주지 않는데
파랗게 친구들 몰려와
틀어주는 손풍기

버려진 구석

나란히 포개어 앉아
밤새 이별을 속삭이느라
역수로 목이 말랐나 봅니다

밀당의 언저리가
젖어 있습니다

쉼

티격태격 고단했던 발
친정집에 와서
얼마간 묶어 두기로 한다

당신이 더 많이
나를 느낄 때까지

빈집

가족들 뿔뿔이 모두 떠나버린
쓸쓸한 정적 속 빈집
천 개의 별을 따 모은 등불은
그리움의 심지를 밀어올립니다

머지않아 웅성거릴 듯

별식

엄마는 멀리서 망보고
아버지는 흐뭇하다
먹음직한 밥상도 아닌데
우리는 맛있게
새벽밥을 먹는다

붉은 암각화

오지 않는 님 생각하다가
밤새 고열에 끙끙 앓았다

아침에 눈을 뜨는데, 온몸엔 땀
머리맡 베개는 새까맣게 그을렸다

새가 되고 싶었습니다

땅속에서는 바윗돌을 닮고 싶었는데
그대 손에 끌려온 뒤
날아오르기를 간절히 꿈꾸어 봅니다
밤마다 더 넓은 우주를 향해
훨훨 날아오르렵니다

| 해설 |
일상의 반경을 찍고 쓴, zoom의 미학

박윤배 | 시인, 대구디카시인협회장

1.

　작금에 많은 시인들이 디카시라는 형식을 통하여 자신의 감정과 정서를 표현하다 보니, 이젠 문학의 범주 속에 당당히 〈디카시〉라는 장르가 제자릴 잡아가고 있다.

　2004년 경남 고성군에서 이상옥 교수가 디카시집 『고성가도』를 출간하면서 시작된 디카시 혁명은 기존의 現代詩가 독자들로부터 난해함으로 읽히지 않던 갈증을 말끔히 해소해 줄 청량제 역할은 톡톡히 해내고 있다고 해도 과언은 아닐 것이다.

　언어만으로는 시인의 개성이나 차별성을 드러내기에 어떤 창의적 한계가 있다 보니, 점점 정신세계에 시적 경향이 있었던 데 비해 관심을 두는 인구가 기하급수적으로 늘고 있는 디카시는, 영상을 바탕으로 순발력 있는 진술이 함께하는 구성으로 이루어져 독자의 관심을 끌게 한다.

세계에서 가장 짧은 시 일본의 하이쿠가 많은 사람들에게 주목을 받듯이 디카시도 SNS 시대에 누구나 소지하게 된 스마트폰 카메라를 통해 영상을 찍고, 5행 이내로 이루어져 쓰기에도, 읽기에도 편리한 현실이고 보니, 바쁘게 살고 있는 요즘 사람들에게는 시보다는 쉽게 읽히는바, 그 가능성이 여간 큰 게 아니라는 생각이 문득 드는 것이다.

이처럼 스마트폰은 문학에 새롭고 혁명적인 비전을 제시하고 있다. 기하급수적으로 늘어난 각종 공모전도 그러하고 디카시에 몰입하는 시인들의 숫자가 점점 늘고 있다. 이미 시인으로 활동 중인 사람들이 디카시로 노선을 갈아타는가 하면, 아직은 미개척 장르로서 노후까지의 좋은 취미생활로 깊이 있는 창작의 희열을 누리려는 동호회 모임도 늘고 있는 것으로 보인다. 창작의 희열을 누리는 취미 모임도 늘어나고 있다고 보인다.

작가(시인)가 당기고 독자가 밀고 가는 수레 디카시의 운동은, 시가 어려워 외면당하는 (물론 시는 디카시의 모체로서 굳건하게 자리 잡고 있지만) 난해한 현대시의 문제를 해결하는 바람직한 하나의 신선한 현상으로 여겨지는 것이다.

2.

　김명희 시인은 디카시인이다. 최근 그가 보여주는 감각들은 그리 길지 않는 디카시의 역사를 나름은 일목요연하게 답습하면서 그만의 세계를 개척하여 발 빠르게 열차에 올라타고 있음을, 시인의 이번 시집『새가 되고 싶었습니다』를 통해서 살펴볼 수 있다.

　쑥스러움이 많은 시인은, 피사체들을 만났을 때 누구도 보지 못하는 실체를 발견하고 자연스럽게 말 걸기를 시도하는 능력이 가히 탁월하다. 대상을 세밀히 관찰하여 표현하면서 그 대상의 본질에 얽매이지 않고 상관물을 끌고 오거나 일상의 체험에서 얻는 상상을 비틀어 비유하기도 한다. 사진 속의 이미지를 재창조하는 언술의 힘이 독특한 알레고리를 획득하는 성과를 거두고 있다.

　시인은 사진작가는 아니었지만 본래 사진 찍기를 매우 좋아했다고 한다. 밝히자면, 사진이 좋은 그에게 디카시의 첫발을 떼어보라고 권유한 사람이 필자이다. 그렇게 시작된 그의 발전 속도는 나를 깜짝깜짝 놀라게 한다.

　현 디카시단은 신종 잡지가 우후죽순 생겨나고 있어 어쩌면 아메리카 서부 개척 시대는 연상케 한다. 먼저 달려가서 깃발을 꽂아야 한다. 누군가의 아류가 되기 전에 자신의 영역을 확

보하고 든든하게 지켜내야 하는 것이다. 이런 시대에 살아남는 자는 소지한 권총(디카)을 아주 빨리 뽑아 정확하게 잘 겨누어 쏘아야 한다. 그렇다면 이미 김명희 시인은 영상 감각을 가졌으니, 권총은 잘 다룰 줄 아는, 큰 장점을 지녔다. 그런 바탕 위에 앞으로는 시말을 어떻게 보태어 한 편의 디카시를 완성하느냐의 문제인데 그나마 다행인 것은, 시집에 실린 몇 편의 시에서 보여주고 있는바 사물들이 하는 말을 시인이 받아쓰고 있다는 것이다. 과거의 시들처럼 일인칭 관찰자 시점이 아닌 시점을 옮겨가면서 대상을 자신만의 언어로 진술하기도 한다. 그러면서 한편 존재에 대한 탐구를 게을리하지 않는다.

시인은 자신의 과거와 현재 그리고 미래를 적절하게 뒤섞는다. 그의 상상력은 예전에 신던 구두 한 켤레를 디카시 안에 옮겨다 놓는 과감한 도발도 보여주고 있다. 그 구두는 구두 실체로 보이지만 구두가 아닐 수도 있다. 꿈의 상징이거나 알레고리이면서 가닿고 싶었던 욕망의 길이자 존재의 물음쯤으로 보인다. 이런 첨예한 뉘앙스는 "이것은 구두가 아니다"라고 말하는 것이다. 다분히 초현실주의 시대에 대표적인 작가 중 한 사람인 르네 마그리트René Magritte적 발상이다.

나비를 뒤꿈치에 묶어둔 채

앞만 보고 걸어온

내 젊은 날의 무게여

리본, 혼자서는 풀 수가 없는

–「그때가 봄날」 전문

3.
   디카시는 기의記意와 기표記標에 있어, 어느 한쪽으로 기울지 않으면서 동시에 다 보여주는 특징을 지니고 있다. 어쩌면 별다른 해설이 시의 이해를 돕는 데 방해가 될 수 있다는 생각이 문득 든다.

한편 생각을 해 보면 자신이 어떤 산통을 겪고 세상에 낳아 놓은 시는, 그 자체로서의 생명력을 가지고 남과 다른 얼굴 혹은 이름으로 불리게 되는데, 시인이 보여주는 세계는 분명 남다른 고민의 결정체로서 혹은 정신의 산물로서의 색을 띠게 때문이다.

　시집에 실린 많은 시들 중에 김명희만의 색을 살펴보면 아마도 커다란 주제는 사랑일 것이다. 그러한 사람의 편편이 모여서 커다란 사랑의 집을 짓고 있는데, 분류해 보면 얼핏 잘못 이해하면 종교(불교)관에 심취한 것으로 보이지만, 일부 시가 좋은 옛 경치를 담다 보니, 그렇게 비친 것뿐, 세상을 따듯한 시각으로 보려는 보리심 또는 세상을 따듯하게 보려는 온정적인 어떤 마음이 시인의 안목의 바탕인 것이다. 이는 시인의 근본 마음에서 우러나오는 세계일 것이다.

　　　언제까지 그렇게 뜨거울 겁니까?

　　　사랑할 수 있다는 건
　　　살아있음의 증거

　　　나도, 지금

그대를 닮으려 해요
  -「누구의 가슴입니까」전문

달을 삼킨 꽃들이
와르르 떨어져
서리서리 이불을 펼쳐 두었나
아뿔싸!
간밤 무슨 일이 있었길래

- 「달의 몰락」 전문

 위 두 편의 시에서 보여주듯이 한편은 어느 여행지에서 본 유황이 끓고 있는 활화산의 현장인데 아마도 겉은 멀쩡하지만, 속으로 끓고 있는 사랑의 마음을 비유적인 이미지 즉 영상으로 찍어놓고 "사랑할 수 있다는 건/ 살아있음의 증거"라 진술하고 있다. 이는 아마도 움츠리고 분출하지 못한 시인의 속마음을 저 장면이 대신하고 있는 어떤 후련함의 표현 혹은 대리만족으로 읽힌다. 해서 "나도, 지금/ 그대를 닮으려 해요"라는 후렴구를 달아주는 언어적 여유를 부려놓고 있다.
 다른 한편 「달의 몰락」은 꽃이 피었다 지는 것을, 여성이 한 달에 한 번 겪는 생리현상 즉 배란에 실패한 난자들의 사멸하는 월경과 한해 한철 붉던 꽃들이 땅을 적시는 장면을 통해 여성성의 어떤 신비와 위대함을 에둘러 표현한 그런 시로도 읽힐 뿐만 아니라 "달을 삼킨 꽃들이/ 와르르 떨어져/ 서리서리 이불을 펼쳐 두었나"의 현상에 아뿔싸! 라는 감탄사를 뒤에 놓음으로 "간밤 무슨 일이 있었길래"의 궁금함을 더한다. 여성 생리 현상이든 뭔가 잘못되어 유산이라도 해 버린? 그런 장면의 대비가 독자의 상상을 묘하게 자극하고 있다.

위장이 큰 악어를
누가 풀어 놓았나!
높고 빛나던
도시의 타워마저
덥석 삼키고 있다

- 「대식가」 전문

기둥은 면벽 수행 중
그 곁 까까머리 동자승
법문의 씨앗을 후~ 불고 있다

세속에 멍든 당신 마음에도
머지않아 꽃은 필 거야

- 「민들레 설법」 전문

　위 두 편의 시에서 보여주고 있는 독특한 상상력은 포착이 힘든 장면을 찍어낸 도시에 새벽안개를 대식가인 악어로 묘사하고 있다는 점에서 주목할 만한 작품으로 만들고 있으며, 마치 먹을 흘려놓은 듯한 나뭇가지는 동양화풍의 어떤 여백의 미까지도 느껴진다.

두 편 중 아래 작품은 절집 기둥 곁, 벽에 그려진 그림을 통해 그림 속 민들레가 동자승의 입김에 불려 멀리 날아가서 자신만의 영토를 얻게 되고 또 그곳에 퍼트릴 불법이 이 세상을 불국토로 만들고자 하는, 고승의 마음을 동자승 - 민들레 - 바람을 - 세속에 멍든 가슴으로 이동시키면서 한 편의 따뜻한 시가 되고 있다.

4.

김명희 시인의 권총(디지털 카메라)은 과거와 현재 미래를 넘나든다. 그의 줌은 일상에서 멀지 않은 풍경들에 닿아 있으면서 사실 너머의 사실을 잡아내고 있다. 산책길에서 만난 순간들, 여행 중에 만난 순간들을 마치 크로키(대상의 특징적인 순간을 2~3분 내에 속사하여 그리는 그림) 하듯이 영상에 담고, 첫 생각 위에 덧댄 생각들을 구부리고 편다.

이때 전체를 담고 부분을 말하는가 하면, 부분을 찍고 전체를 말하는 시인은 자신만의 줌을 가졌다. 대상이 거리가 멀든 가깝든 확대와 축소를 통해 가공되는 그의 시,는 바탕에 일상을 두면서 상상은 대상을 설명하지 않는 진술을 선택하고 있다. 짧고 명료하면서도 여운이 있는, 생각할 여지를 남겨두는 완급조절도 느껴진다.

짧은 치마 발레리나

앗! 우주 향해 솟구쳐 오르겠다

합장하던 내 손에

분홍빛 그리움

살포시 벗어두고

　　　　　　　　－「우주 발사대」 전문

한평생 자식에게 그늘을 나눠주던 몸이

지치고 병들어 늙고 나니

이제 호박넝쿨이

그늘을 나눠주고 있다

　　　　　　　　－「효심」 전문

　순간의 감정을 줌으로 밀고 당기는 시인의 시에서는 피었던 연꽃이 오므렸던 봉오리를 벌리고 안쪽에서 연밥을 밀어 올리는 한 장면을 찍으면서 아래로 처진 채 팔랑이는 연꽃을 발레리나의 짧은 치마로, 불꽃 같은 수술 속 연밥을 우주 발사대로 낯설고 무관한 언어를 자연스레 연결하는 상상력은 "합장하던 내 손에/ 분홍빛 그리움/ 살포시 벗어두고"의 경험적 요소를 좀 더 구체화한 것으로 읽힌다. 결국 꽃이 우주이고 꽃의 사멸이 또 다른 세계로 가는 로켓이 되는, 이 시는 벌써 제목이 시인 것이다.

　또 다른 시 「효심」은 고장이 나서 그늘을 줄 수 없는 파라솔과 그 파라솔 아래서 자라난 호박 넝쿨이 부모와 자식의 관계로 비유되면서 이젠 넝쿨이 파라솔에게 그늘을 주는 것으로 억지를 부려놓고 있다. 그런데 이 억지스러움이 결국 인간을 비유하면서 진정성을 획득하는 것으로 에둘러 말하는 시말의 특징과도 다르지 않기에 더 큰 감동을 준다고 볼 수 있다.

고란초, 천리향 피었다 지기를 여러 해
먼발치에서 바라보다가 이제야 곁에 앉아
어깨를 기대어도 손잡아 주지 않네

내가 먼저 그대 손을 잡네

- 「연모」 전문

또 다른 시 「연모」는 여행지인 통영의 박재삼문학관에서 벤치에 앉아 바다를 바라보는 박재삼 시인의 동상 곁에 나란히 앉은 한 여인의 뒷모습(우연인지 연출인지 알 수 없지만)을 순간 포착으로 찍은 영상인데, 시인의 생전에 먼 그림자만 보여도 가슴 두근대던 그러나 다가가지 못했던 여인이 마치 이제야 와서 곁에 앉았다는 상상 즉 스토리텔링을 통한 시 쓰기의 한 전형적인 시로 읽힌다. 동상이니까 손을 잡아주지 못하는 심정 거기다가 내가 먼저 인젠 잡겠다는 강렬한 의지까지 솔직하게 "내가 먼저 그대 손을 잡네"로 표현하고 있다는 점에서 또 다른 줌인의 형식을 보여주고 있다.

　이 첫 시집 속에는 환경문제를 주제로 한 시 몇 편이 있어, 인상 깊다. 하여 지면상 사진만 옮겨 둔다.
　마지막으로 해설에 덧대면 1. 시를 쓰고 나서 얼마나 행복해질 수 있는가? 2. 시인이 찍고 쓴 이 시를 읽은 사람이 얼마

나 행복해질 수 있는가? 이 두 가지의 화두가 세상에 나올 이 시집을 통해 시인도, 이 시집을 기다리는 독자도 조금이라도 풀리기를 손 모아 바라 본다.

　김명희 시인의 더 큰 발전이 있기를 또한 바라는 마음이다.